JN033169

しゃべらなくても
楽しい！

1，2分でできる
やさしい
特養体操
50

斎藤道雄 著

黎明書房

はじめに

しゃべらないで体操してください！

この本は，

①　特別養護老人ホームなどの介護現場で，

②　新型コロナによる外出自粛や，三密（密閉，密集，密接）を避ける必要から，

③　運動不足に陥りやすいシニアと現場スタッフが，

④　より安全に，より安心して，より楽しんで，体を動かすための，とてもやさしい体操の本です。

⑤　もちろん，シニアおひとりでもお楽しみいただけます。

「どうしたら体操がもっと楽しくできますか？」

ある介護現場のスタッフからの質問です。
ボクのこたえは，かんたんです。

「しゃべらないで体操してください！」

これだけです。
しゃべらなければ楽しくなります。
でも，ただじっとだまってればいいのではありません。
楽しくするには，あるコツがあります。
そのコツを知れば，誰にでもかんたんにできるようになります。
（そのコツについては，コラムと「おわりに」を読んでください）

実際に，しゃべらない体操を見た現場スタッフはこう言いました。

「先生が何も言わないのに，とても楽しそう！」

そのとおりなのです。

一体，しゃべらないとどうなるのか？

しゃべらなくても楽しい体操には，次の効用があります。

① シニアの集中力がアップします。
② シニアの理解度が深まります。
③ シニアの満足度が向上します。
④ 支援者の表現力が身に付きます。
⑤ 支援者の負担が軽くなります。
⑥ 支援者の体操スキルが超上達します。

さらに，あともうひとつ！
しゃべらないので，**感染予防対策としても有効**です。

もう一度繰り返します。

「しゃべらないで体操してください！」

たったそれだけです。
この本を読んで，ぜひ一度，お試しください！

この本の 10 の特長

1　要介護シニアにできるとてもかんたんでやさしい体操です。

2　とくに，特別養護老人ホームなどの介護施設の現場スタッフが体操支援をするときにおススメです。

3　もちろん，シニアおひとりさまでも，活用できます。

4　しゃべらなくても（説明をしなくても）体操のやり方が身振り手振りで伝わります。

5　道具，準備一切不要です。

6　椅子に腰かけたまま安全に出来ます。

7　かんたんな動作だけで，心身機能が働きます。

8　かんたんに日替わりメニューが出来ます。

9　立ったり，寝転がったりするような，要介護シニアに難しい動作はありません。

10　運動効果をより高める「みちお先生のワンポイント！」があります。

　　※この本の効用については，「はじめに」を読んでください。

この本の使い方

1 まずは，おススメの体操をしましょう！
2 気分や体調に合わせて，お気に入りの体操を選びましょう！
3 おススメの体操とお気に入りの体操を自由に入れ替えましょう！

朝の おススメ体操	スッキリ肩たたき→ 11 ページ	
昼の おススメ体操	踏ん張りましょう→ 19 ページ	
夜の おススメ体操	両肩ゆるめてストン → 58 ページ	

もくじ

はじめに —しゃべらないで体操してください！— 2

この本の10の特長 4

この本の使い方 5

Ⅰ　リフレッシュ！

1　ありがとう体操　9

2　くっつけ人差し指　10

3　スッキリ肩たたき　11

4　にぎってひらいてスローモーション　12

5　水平バランス　13

6　ぴったり前ならえ　14

7　リズムに合わせてひざたたき　15

8　ひざ太鼓　16

9　バランスオッケー　17

Ⅱ　力をつける！

10　足指の曲げ伸ばし　18

11　踏ん張りましょう　19

12　鉄壁のブロック　20

13　両手でパチン　21

14 両ひざアップダウン　22

15 お尻のチカラ　23

16 かかと高くなーれ　24

17 足首さんこんにちは　25

18 おへそで腹筋　26

19 ギュッとしてパッ　27

20 グー・チョキ・パーで 1, 2, 3　28

21 グーパーでおしくらまんじゅう　29

22 ジョギング気分で　30

23 グーパンチ　31

24 つまさきオープン　32

25 お尻で歩こう　33

26 ワルツのステップ　34

●**コラム1　しゃべらなくても楽しい体操のやりかたのコツ　その1**　35

Ⅲ　しなやかさキープ！

27 空中に8の字　36

28 股関節ストレッチ　37

29 ひっくり返して　38

30 あっちひねってホイ！　39

31 両腕アップダウン　40

32 胸張ったりゆるめたり　41

33 くっつけ肩甲骨 42

34 両肩同時まわし 43

35 指組んで手のひら返し 44

36 背筋伸ばして前曲げ 45

37 両肩前後ろ 46

38 伸びてスッキリ 47

●コラム2 しゃべらなくても楽しい体操のやりかたのコツ その2 48

Ⅳ リラックス

39 目の指圧マッサージ 49

40 両手バイバイ 50

41 ふくらはぎたたき 51

42 ポカポカすりすり 52

43 ゆらゆら夢心地 53

44 わき腹ストレッチ 54

45 首すじマッサージ 55

46 前曲げでゆるめましょう 56

47 片足ワイパー 57

48 両肩ゆるめてストン 58

49 両腕ブラブラ 59

50 瞑想深呼吸 60

おわりに ―アーティスト気分で体操しましょう！― 61

① ありがとう体操

感謝の気持ちを込めて，ゆっくりとていねいにおじぎをしましょう！

ねらいとききめ　（姿勢保持）

すすめかた

① 　ひざと足をとじて，両手をひざに置きます。

② 　なるべく頭から腰までが一直線になるように背筋を伸ばして，おじぎしましょう！

③ 　いそがずに，ゆっくりとていねいに動作しましょう！　4回繰り返しましょう！

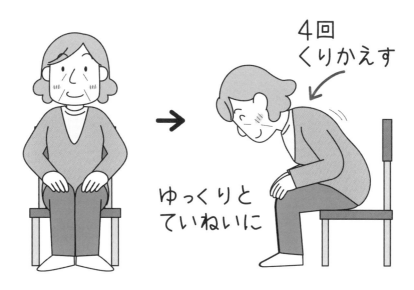

みちお先生のワンポイント！

支援者は，感謝の気持ちを込めて，シニアの顔を見ながらおじぎしましょう！
シニアにその気持ちが伝わります。

❷ くっつけ人差し指

目を閉じて，両手の人差し指をピッタリとくっつけてみましょう！

ねらいと**ききめ** （空間認知機能の維持）（集中力アップ）

すすめかた

① 両腕を横に伸ばして，両手の人差し指を伸ばします。
② 目を閉じて，顔の前で，指先と指先をピッタリとくっつけてみましょう！
③ 同様に３回繰り返しましょう！

ピッタリ

３回くりかえす

みちお先生のワンポイント！

多少のズレは気にせずに，楽しんでトライしましょう！

❸ スッキリ肩たたき

片手で肩を交互に軽くたたきましょう！

ねらいとききめ　（肩こり予防）（血行促進）

すすめかた

①　腕と肩の力を抜いてリラックスしましょう！

②　片手で，反対側の肩を８回軽くたたきましょう！

③　手を替えて，同様に肩をたたきます。片方を２回ずつしましょう！

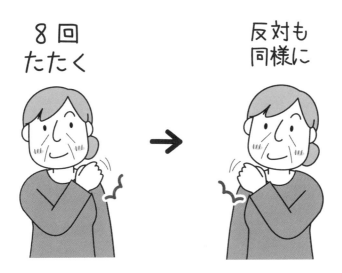

８回
たたく　　→　　反対も
同様に

みちお先生のワンポイント！

気持ちの良い力加減でたたきましょう！

11

④ にぎってひらいてスローモーション

指先に集中して，超スローモーションでグーパーしましょう！

ねらいとききめ 　手先の巧緻性維持（こうちせい）

すすめかた

① 足を肩幅にひらいて，両手を胸の前で構えます。

② 指先に意識を集中して，出来る限りゆっくりとグーパーをしましょう！

③ 同様に４回繰り返しましょう！

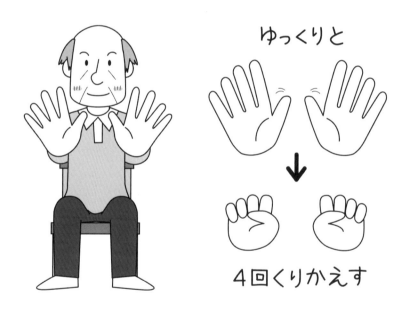

ゆっくりと

４回くりかえす

みちお先生のワンポイント！

支援者は，ゆっくり過ぎるぐらいに，ていねいに指を動かしましょう！

⑤ 水平バランス

目を閉じたままで，両腕を床と平行に伸ばしましょう！

ねらいとききめ　（平衡感覚維持）（腕のストレッチ）
<small>へいこう</small>

すすめかた

① 　両手をひざに置いて，目を閉じます。

② 　手のひらを下にして，両腕が床と平行になるように横に伸ばしましょう！

③ 　心の中で 5 つかぞえます。少し休んで，あと 3 回しましょう！

みちお先生のワンポイント！

②のときに，背筋を伸ばしましょう！

13

⑥ ぴったり前ならえ

目を閉じて，両手の高さが同じになるように前ならえをしましょう！

ねらいとききめ （腕のストレッチ） （空間認知機能の維持）

すすめかた

① 胸を張って，両手をひざの上に置きます。
② 目を閉じて，両腕を前に伸ばして前ならえをましょう！
③ なるべく両手の高さが同じになるようにしましょう！

みちお先生のワンポイント！

なるべく手と肩の高さが同じになるようにしましょう！

⑦ リズムに合わせてひざたたき

手とひざを交互にたたく動作を，リズミカルに繰り返しましょう！

ねらいとききめ　　（手先の器用さ維持）（リズム体感）

すすめかた

① 足を肩幅にひらいて，背筋をまっすぐにピンと伸ばしましょう！

② 手を2回たたいて，両手でひざを1回たたきましょう！

③ この動作を10回しましょう！

みちお先生のワンポイント！

　あまり強くひざをたたきすぎないように。やさしくていねいに動作しましょう！

⑧ ひざ太鼓

太鼓をたたくようなつもりで，両手で軽くひざをたたきましょう！

ねらいとききめ　（血行促進）（リズム体感）

すすめかた

① 足を肩幅にひらいて，両手をひざの上に置きます。

② 太鼓をたたくようなつもりで，手のひらでひざを軽くたたきましょう！

③ 10回たたいたら一休みします。4セット繰り返しましょう！

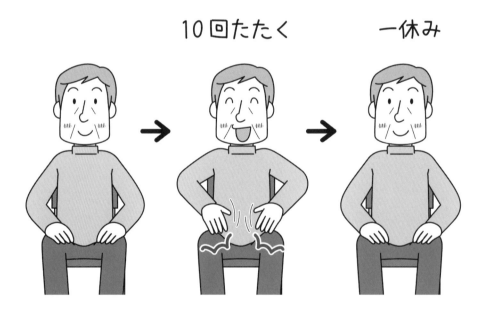

10回たたく　　　一休み

みちお先生のワンポイント！

　支援者が，両手を同時にたたいたり，左右交互にたたいたり，たたき方を変えるとシニアの興味が増します。

⑨ バランスオッケー

両腕を一直線にして，片腕を斜め上に，反対の腕を斜め下にしましょう！

ねらいとききめ　（平衡感覚維持）

すすめかた

① 両腕を横に伸ばして，手のひらを下にします。
② 片腕を斜め上に，反対の腕を斜め下にして，両腕が一直線になるようにしましょう！　元に戻して，逆の動作をします。
③ 少し休みます。この動作をあと4回しましょう。

みちお先生のワンポイント！

②のときに，上体が横に傾かないようにしましょう！

⑩ 足指の曲げ伸ばし

足の指全部をゆっくり曲げ伸ばししましょう！

ねらいとききめ (足指の器用さ維持) (血行促進)

すすめかた

① 足を肩幅にひらいて，足裏全体を床につけます。

② 両足の全部の指を曲げ伸ばししましょう！

③ 5回したら少し休みます。あと3セットしましょう！

床に
つける

曲げて

伸ばして

みちお先生のワンポイント！

くつやうわばきなど，履き物を脱いでしましょう！

⑪ 踏ん張りましょう

足を肩幅にひらいて，しっかりと両足で踏ん張りましょう！

ねらいとききめ 　〔足腰強化〕

すすめかた

① 両手を腰に置いて，足を肩幅にひらきます。

② 足のうら全体を床につけて，両足でしっかり踏ん張りましょう！

③ 心の中で５つかぞえたら，少し休みます。あと２回しましょう！

みちお先生のワンポイント！

③のときに，支援者は指で５つカウントしましょう！

⑫ 鉄壁のブロック

両腕を上に伸ばして，出来る限り全部の指をひらきましょう！

ねらいとききめ　指の力強化　腕のストレッチ

すすめかた

① 足を肩幅にひらいて，両手をひざに置きます。

② 両腕を上に伸ばして，出来る限り全部の指をいっぱいにひらきましょう！

③ 元に戻して一休みします。同様にあと３回しましょう！

みちお先生のワンポイント！

　②のときに，支援者はできるだけ目を大きく見開きましょう！　シニアに力強さが伝わります。

⓭ 両手でパチン

一本締めをするように，両手をたたいていい音を出しましょう！

ねらいと**ききめ**　　指先の血行促進

すすめかた

①　両腕を横に伸ばして，手のひらを上にしましょう！

②　なるべくいい音が出るように，両手をたたきましょう！

③　この動作を４回繰り返しましょう！

みちお先生のワンポイント！

支援者は，明るく元気よく動作しましょう！

⑭ 両ひざアップダウン

つまさきを床につけたままで，両ひざを上げ下げしましょう！

ねらいと**ききめ**　　（ ふくらはぎの筋力強化 ）

すすめかた

① 　足を腰幅にひらいて，両手をひざの上に置きます。

② 　つまさきを床につけたままで，両ひざを上げ下げしましょう！

③ 　４回したら少し休みます。同様に３セット繰り返しましょう！

みちお先生のワンポイント！

　ふくらはぎに意識を集中して，ゆっくりと動作しましょう！

⑮ お尻のチカラ

胸を張って，お尻に力を入れたりゆるめたりしましょう！

ねらいとききめ （臀筋強化）（姿勢保持）
でんきん

すすめかた

① 足を肩幅にひらいて，両手をひざの上に置きます。

② 胸を張って，お尻に力を入れましょう！

③ 心の中で3つかぞえたらゆるめます。この動作を3回繰り返しましょう！

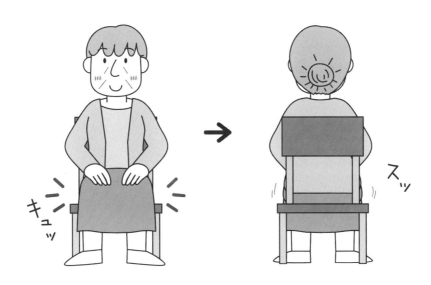

みちお先生のワンポイント！

③のときに，支援者は，指で「3・2・1」とカウントしましょう！

⑯ かかと高くなーれ

胸を張って，かかとを上に持ち上げましょう！

ねらいと**ききめ** 〔 ふくらはぎの筋力強化 〕〔 足首の柔軟性維持 〕

すすめかた

① 胸を張って，両手を腰に置きます。

② つまさきをつけたままで，かかとを上に持ち上げましょう！

③ 心の中で３つかぞえて戻します。一休みしてから，あと３回しましょう！

みちお先生のワンポイント！

③のときに，支援者は，指で３つカウントしましょう！

⑰ 足首さんこんにちは

片足を一歩前に出して，かかとを床につけたままでつまさきを上げ下げしましょう！

ねらいとききめ　（足首の柔軟性維持）（血行促進）

すすめかた

① 両手で椅子を押さえて，片足を一歩前に出します。

② かかとを床につけたまま，ゆっくりとつまさきを上げ下げしましょう！

③ 5回したら足を替えて同様にします。2セットずつ繰り返しましょう！

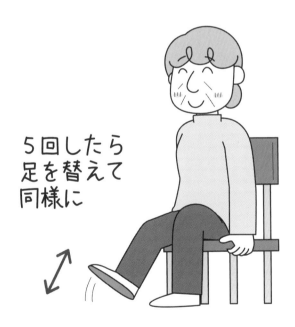

5回したら
足を替えて
同様に

みちお先生のワンポイント！

できれば，椅子に浅く腰かけてしましょう！　足の動作がしやすくなります。

⑱ おへそで腹筋

両手をおへその上に重ねて，息をはきながらおへそに力を入れましょう！

ねらいとききめ （腹筋強化）（姿勢保持）

すすめかた

① 足を肩幅にひらいて，おへその上に両手を重ねます。

② 息をはきながらおへそにグッと力を入れましょう！

③ 一休みします。２回繰り返しましょう！

みちお先生のワンポイント！

②のときに，支援者は，おへそに力を込めているような顔をしましょう！

⑲ ギュッとしてパッ

手指をギュッとにぎったあとに，パッとひらいて力をゆるめましょう！

ねらいとききめ （握力アップ）（血行促進）

すすめかた

① 両手をひざに置いて，手のひらを上にします。
② 両手をグーにして全部の指を出来る限り強くにぎりましょう！
③ 手指の力を一気にゆるめましょう！ 一休みして，３回繰り返します。

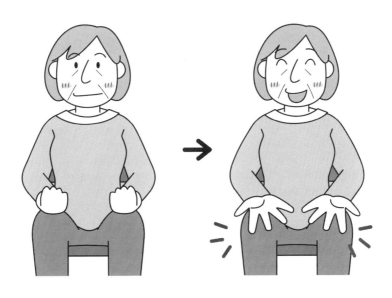

みちお先生のワンポイント！

　支援者の表情が大事です。グーのときは力強い顔で，パーのときはやさしい顔でしましょう！

㉒ グー・チョキ・パーで1・2・3

ニッコリ笑顔で両手でグー・チョキ・パーを繰り返しましょう！

ねらいとききめ 　（記憶力維持）（指の巧緻性維持）
こうちせい

すすめかた

① 　グー・チョキ・パーを両手でゆっくりとていねいにしましょう！

② 　グーは軽くにぎって，チョキとパーはなるべく全部の指をいっぱいにひらきましょう！

③ 　同様にして，10回繰り返しましょう！

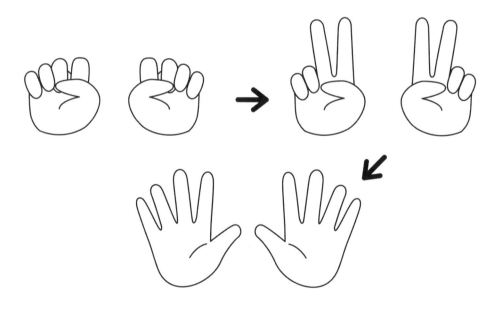

みちお先生のワンポイント！

　途中で回数を忘れないように。指の動作と同時に，かぞえることも意識しながらしましょう！

㉑ グーパーでおしくらまんじゅう

パーの手のひらにグーを押し当て，両手で押し合いましょう！

ねらいとききめ 握力アップ 大胸筋強化

すすめかた

① 片手をグー，反対の手をパーにします。パーの手のひらにグーを押し当て，両手で押し合いましょう！

② 心の中で，５つかぞえたら力をゆるめます。

③ 少し休みます。手を反対（グーはパー，パーはグー）にしてもう一度しましょう！

みちお先生のワンポイント！

②のときに，支援者は，指で５つカウントしましょう！

㉒ ジョギング気分で

ジョギングするつもりで，つま先をつけたまま，かかとを左右交互に上げ下げしましょう！

ねらいとききめ　（足腰強化）（血行促進）

すすめかた

①　足を腰幅にひらいて，両手を軽く握ります。

②　つまさきを床につけたまま，かかとを左右交互に上げ下げしましょう！

③　10回したら少し休みます。あと３セット繰り返しましょう！

かかとを
左右交互に
10回
上げ下げ

みちお先生のワンポイント！

支援者は，「走るのがとっても楽しい」という気持ちで動作しましょう！

㉓ グーパンチ

ストレートパンチのように腕を前に伸ばしましょう！

ねらいと**ききめ**　　握力強化　　腕のストレッチ

すすめかた

① 　両手を顔の前でグーにして，ボクシングのように構えましょう！

② 　ストレートパンチを打つようにして，片腕をまっすぐ前に伸ばしましょう！

③ 　元に戻して，反対の腕も同様にします。少し休んで，左右４回ずつします。

みちお先生のワンポイント！

腕を前に伸ばすときに，肩を前に出すようにしましょう！

㉔ つまさきオープン

かかとを閉じたまま，つまさきとひざを外側にひらきましょう！

ねらいとききめ ┃ 股関節の柔軟性維持

すすめかた

① 足とひざを閉じて，両手をひざの上に置きます。

② かかと同士をつけたままで，つまさきとひざを外側にひらきましょう！

③ 元に戻して少し休みます。あと４回しましょう！

みちお先生のワンポイント！

②のときに，なるべくかかと同士がはなれないようにしましょう！

㉕ お尻で歩こう

お尻の左右を交互に上下する動作を繰り返しましょう！

ねらいとききめ　足腰強化　血行促進

すすめかた

① 足を肩幅にひらいて，両手をひざの上に置きます。

② お尻の左右のどちらかを，少し上に持ち上げて元に戻しましょう！

③ 反対側も同様にします。この動作を5回繰り返しましょう！

みちお先生のワンポイント！

お尻を持ち上げたときに，なるべく上体が横に傾かないようにしましょう！

㉖ ワルツのステップ

3拍子のリズムに合わせて，ダンスを楽しむようにステップしましょう！

ねらいとききめ　（足腰強化）（リズム体感）

すすめかた

① 　両足を閉じて，両手を腰に置きます。

② 　「1，2の3」のリズムで，片足を前→横（外）の順に動かして，元に戻しましょう！

③ 　反対の足も同様にします。左右交互に4回しましょう！

みちお先生のワンポイント！

　②のときに，支援者は，「1，2の3」のリズムで手をたたきましょう！
リズミカルな動作になります。

コラム①
しゃべらなくても楽しい体操のやりかたのコツ
その1

いきなりですが，ジェスチャーゲームをします！
お題は，「深呼吸」です。
かんたんですね。
でも，ただの「深呼吸」はありませんよ。
もうひとつ，ある言葉を付け足します。

それは，「超気持ちいい」です。
つまりお題は「超気持ちいい，深呼吸」です。

もちろん，しゃべるのは NG です。
目の前に相手がいると思って，身振り手振りだけで伝えてください。
どうですか？
むずかしいですか？

大丈夫です！
正確なこたえが伝わらなくてもオッケーです。
あなたがそう思ってすれば，それでいいんです！

大事なのは，表現することです。

お題に気持ちを込めて表現してください。
そうすれば相手も何かを感じ取ります。
この，伝えたり，感じたりするやりとりが，心の運動なのです。

では，どうしたらうまく表現できるのか？
つづきはコラム②で。

㉗ 空中に8の字

腕を大きく動かして，人差し指で8の字を宙に描きましょう！

ねらいとききめ 　（肩の柔軟性維持）

すすめかた

① 片腕を上に伸ばしましょう！

② 頭の上から，人差し指で大きな8の字を空中に描きましょう！

③ 同様に反対の手もして，一休みします。この動作を左右交互に4回しましょう！

みちお先生のワンポイント！

　手だけの動きにならないように。腕もいっしょに動かしましょう！

㉘ 股関節ストレッチ
こ かんせつ

両手でひざを外側に軽く押して，股関節をひらきましょう！

ねらいとききめ　（股関節の可動域維持）（脚のストレッチ）

すすめかた

① 足を肩幅にひらいて，両手をひざの上に置きます。

② 両手でひざを外側に押して，ひざを外側にひらきましょう！

③ 元に戻します。この動作を5回繰り返しましょう！

みちお先生のワンポイント！

　②のときに，背中が丸まらないように。背筋を伸ばしてしましょう！　あまり力んで，ひざをひらきすぎないようにしましょう！

㉙ ひっくり返して

全部の指をいっぱいにひらいて，手のひらを上にしたり下にしたりしましょう！

ねらいとききめ　肩の柔軟性維持　手先の巧緻性維持

すすめかた

① 両腕を前に伸ばして，手のひらを上にします。

② 出来る限り全部の指をいっぱいにひらきましょう！

③ 手のひらを下にして，同様にします。一休みして，あと３回しましょう！

みちお先生のワンポイント！

なるべく腕と肩の高さが同じになるくらいにしましょう！

㉚ あっちひねってホイ！

胸を張って，上体をひねる動作を，左右交互に繰り返しましょう！

ねらいとききめ 　血行促進　　柔軟性維持

すすめかた

① 胸を張って，両手を腰に置きます。

② 胸を真横に向けるようなつもりで，上体をひねりましょう！

③ 元に戻して，反対側も同様にします。少し休んで，この動作を4回しましょう！

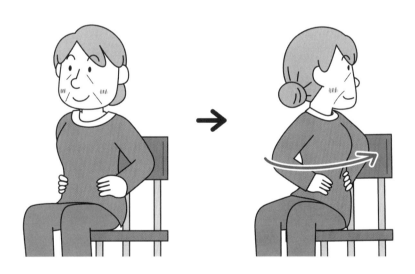

みちお先生のワンポイント！

②のときに，上体が前に倒れないように。なるべく頭の位置が変わらないようにしましょう！

㉛ 両腕アップダウン

手のひらを上にして両腕を上げ，手のひらを下にして両腕を下げましょう！

ねらいとききめ　肩関節の柔軟性維持

すすめかた

① 手のひらを上にして，両腕を前から上に上げましょう！
② 手のひらを下にして，両腕を前から下に下げましょう！
③ 少し休みます。この動作を４回しましょう！

みちお先生のワンポイント！

なるべく，手と腕をやわらか〜く動かしましょう！

32 胸張ったりゆるめたり

出来る限り胸を張って，力をゆるめる動作を繰り返しましょう！

ねらいとききめ 胸のストレッチ　姿勢保持

すすめかた

① 足を肩幅にひらいて，両手をひざの上に置きます。
② 出来る限り胸を張りましょう！
③ 力をゆるめます。少し休んで，あと4回繰り返しましょう！

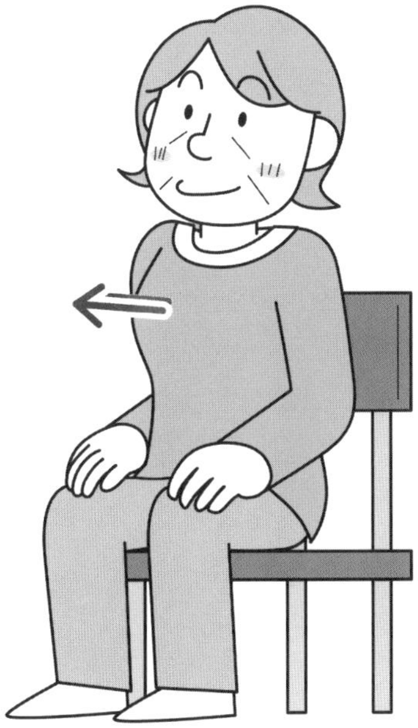

みちお先生のワンポイント！

支援者は，明るく元気にやりましょう！

㉝ くっつけ肩甲骨

両手を軽く握って，ひじを後ろに引いて肩甲骨をよせましょう！

ねらいとききめ　肩や胸の柔軟性維持　胸のストレッチ

すすめかた

① 両手を前に出して，手のひらを上にします。
② 両手を軽く握って，ゆっくりと両ひじを後ろに引きましょう！
③ 力をゆるめて少し休みます。４回繰り返しましょう！

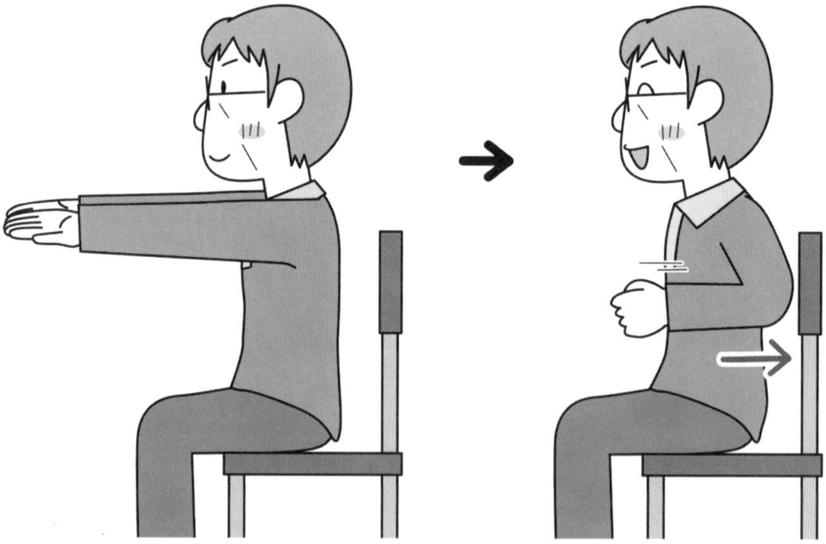

みちお先生のワンポイント！

②のときに，支援者は，とても気持ち良さそうな顔でしましょう！

34 両肩同時まわし

両ひじを軽く曲げて，前から後ろにゆっくりと大きくまわしましょう！

ねらいとききめ　肩の柔軟性維持　血行促進

すすめかた

① 胸を張って，両ひじを軽く曲げます。
② ひじを前から後ろに，ゆっくりとていねいに大きくまわしましょう！
③ 一休みします。あと２回繰り返しましょう！

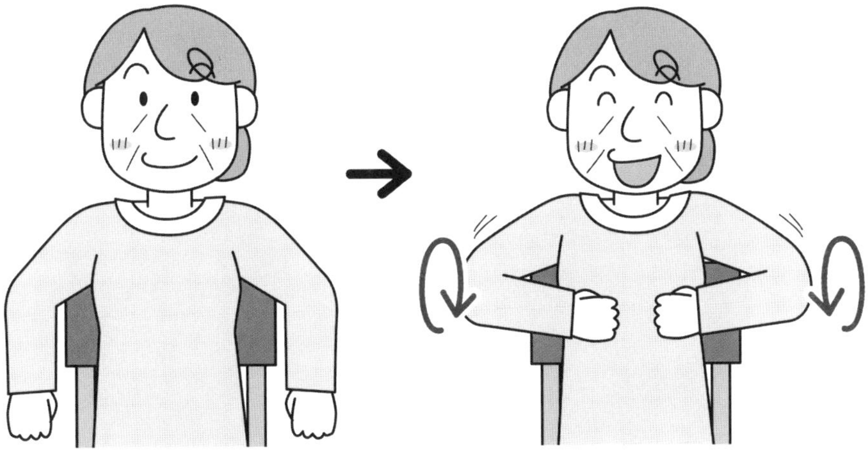

みちお先生のワンポイント！

支援者は，「超気持ちいい〜」と伝わるような表情でしましょう！

㉟ 指組んで手のひら返し

両手の指を組んで, 手のひらを返しながらひじを伸ばしましょう!

ねらいとききめ 肩や手首の柔軟性維持 腕のストレッチ

すすめかた

① 胸の前で, 両手の指を組み合わせます。

② 手のひらを返しながら, 両腕を前に伸ばしましょう!

③ 元に戻して少し休みます。4回繰り返しましょう!

みちお先生のワンポイント!

②のときに, 支援者は, 「超気持ちいい〜」という顔をしましょう!

44

㊱ 背筋伸ばして前曲げ

背筋を伸ばして，上体をゆっくりと前に曲げましょう！

ねらいとききめ 股関節の柔軟性維持

すすめかた

① 足を肩幅にひらいて，両手を腰に置きます。

② 背筋を伸ばして，上体を前に曲げましょう！

③ ゆっくりと元に戻して，少し休みます。この動作を4回しましょう！

みちお先生のワンポイント！

　②のときに，背中が丸まらないように。おへそを下に向けるようにすると，股関節がよく曲がります。

45

㊲ 両肩前後ろ

腕と肩の力を抜いてリラックス，両肩を前に出したり後ろに引いたりしましょう！

ねらいとききめ　（肩の柔軟性維持）

すすめかた

① 　両腕を下に伸ばします。腕と肩の力を抜いてリラックスしましょう！
② 　両肩を前に出しましょう！　元に戻して，両肩を後ろに引きましょう！
③ 　少し休みます。この動作をあと4回しましょう！

前に　　　　　　　　後ろに

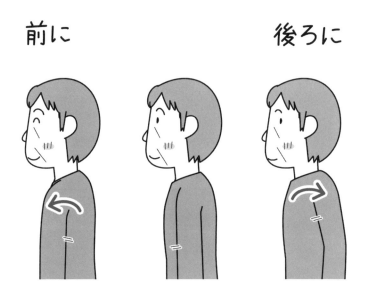

みちお先生のワンポイント！

支援者は，とても気持ちの良さそうな表情でしましょう！

38 伸びてスッキリ

胸を張って，気持ちよく両腕を上に伸ばしましょう！

ねらいとききめ 腕や胸のストレッチ

すすめかた

① 足を肩幅にひらいて，両手をグーにします。
② 胸を張って，両腕をゆっくりと上に伸ばしましょう！
③ 力をゆるめて両腕をおろします。３回繰り返しましょう！

みちお先生のワンポイント！

②のときに，支援者は，「至福のよろこび」を感じているように表現しましょう！

コラム②
しゃべらなくても楽しい体操のやりかたのコツ
その2

「体操で大事なのは表現」とお話ししました。
では，表現するときに大事なのは何でしょう？

こたえは，「お題」です。

コラム１のお題を思い出してください。
ただの「深呼吸」でなく，「超気持ちいい，深呼吸」でした。

「超気持ちいい」とあるだけで，表現が激変します。
表現内容が豊かになります。例えば，笑顔でするなどです。

これがもし，ただの「深呼吸」だったらどうでしょう？
ただ吸ったりはいたりするだけ，これでは単なる動作です。

たった一言あるだけで，こんなにも違うんです！

だから，大事なのはお題！　表現内容を豊かにするお題です。

ほかにもこんなお題があります！
ただの「グーパー」よりも，「超楽しいグーパー」
ただの「足ぶみ」よりも，「ものスゴイ元気な足ぶみ」などなど。

体操は表現が大事です。
その表現はお題で決まります。
ぜひ，楽しいお題，考えてみてください！
必ず，体操が楽しくなります。

㉛ 目の指圧マッサージ

目のまわりを気持ちよく指圧しましょう！

ねらいとききめ 〔目の疲労解消〕

〔すすめかた〕

① 両手で顔を包み込むようにして，軽く目を閉じます。
② 人差し指，中指，薬指の3本の指で，目の周りを骨に沿って指圧しましょう！
③ 目の周りを一周したら，一休みします。あと2回しましょう！

みちお先生のワンポイント！

気持ちの良い力加減で，ゆっくりとていねいに指圧しましょう！

⑩ 両手バイバイ

全部の指をいっぱいにひらいて，ニッコリ笑顔で両手を振りましょう！

ねらいとききめ （手首の柔軟性維持）

すすめかた

① 両腕を前に伸ばして，手のひらを前にします。

② 全部の指をひらいて，バイバイするように笑顔で両手を振りましょう！

③ 何度か繰り返して一休みします。同様にあと２回しましょう！

みちお先生のワンポイント！

　支援者は，シニアの顔を見ながらニッコリ笑顔で手を振りましょう！　支援者の笑顔がシニアを笑顔にします。

㊶ ふくらはぎたたき

手のひらでふくらはぎを軽くたたいてほぐしましょう！

ねらいとききめ　　(血行促進)

すすめかた

① 　右足を前に出して，上体を少し前に倒します。

② 　右手の手のひらで，右足のふくらはぎを軽くたたきましょう！

③ 　何度か繰り返します。同様に反対側もします。左右２回ずつ繰り返します。

みちお先生のワンポイント！

なるべく気持ちの良い力加減でしましょう！

㊷ ポカポカすりすり

手を洗うようにして，両手をゴシゴシとこすり合わせましょう！

ねらいとききめ　(手先の血行促進)

すすめかた

① 手と手を合わせます。
② 手を洗うようにして，両手をゴシゴシこすり合わせましょう！
③ 両手の，手のひらと手の甲を，まんべんなくしましょう！

手のひらと
手の甲を
まんべんなく

ゴシ ゴシ

みちお先生のワンポイント！

手先がポカポカ温まるようなイメージを持ちましょう！

㊸ ゆらゆら夢心地

目を閉じて，上体を左右に軽く揺らしましょう！

ねらいと**ききめ**　（バランス感覚維持）

（**すすめかた**）

① 　足を肩幅にひらいて，両手をひざの上に置きます。

② 　腕と肩の力を抜いて，上体を左右にゆっくりと揺らしましょう！

③ 　元に戻して少し休みます。この動作を３回繰り返しましょう！

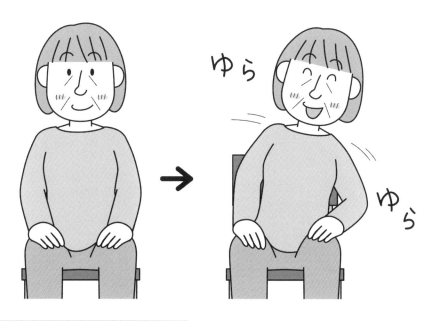

みちお先生のワンポイント！

支援者は，こんにゃくのように，やわらかくなったつもりで動作しましょう！

㊹ わき腹ストレッチ

片手を頭のうしろにしてひじを上に持ち上げて，わき腹を伸ばしましょう！

ねらいとききめ　　（体側のストレッチ）（肩の柔軟性維持）

すすめかた

①　片方の腕を上げて，その手を頭の後ろに置きます。

②　ゆっくりとひじを真上方向に持ち上げるようにして，体側を伸ばしましょう！

③　手を替えて同様にします。この動作を，交互に2回ずつ繰り返します。

みちお先生のワンポイント！

　無理は禁物。あまり力まないように。②のときに，息をフーっとはきだしましょう！

㊺ 首すじマッサージ

片手で首筋の後ろを気持ちよく指圧しましょう！

ねらいとききめ　（首の血行促進）

すすめかた

① 頭を前に倒して，首や肩の力を抜いてリラックスしましょう！

② 片手を首の後ろに置いて，指の腹を使って指圧しましょう！

③ 首筋の上から下へゆっくり押す場所を移しましょう！　手を替えてもう一度します。

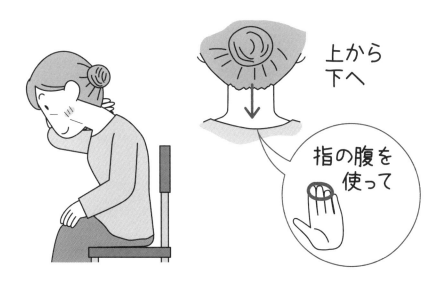

上から
下へ

指の腹を
使って

みちお先生のワンポイント！

　3本の指（人差し指，中指，薬指）で，気持ちの良い力加減で押しましょう！

㊻ 前曲げでゆるめましょう

足を肩幅にひらいて上体を前に曲げて，肩や腕の力を抜いてリラックスしましょう！

ねらいとききめ （全身の脱力）（血行促進）

すすめかた

① 足を肩幅にひらいて，息をはきながら上体を前に曲げましょう！

② そのままで，腕や肩の力を抜いてリラックスしましょう！

③ ゆっくりとていねいに上体を起こして終わります。

みちお先生のワンポイント！

上体を起こすときに，腰から順にゆっくりと起こすようにしましょう！

㊼ 片足ワイパー

片足を前に出して，かかとを床につけたままつまさきを左右に動かしましょう！

ねらいと ききめ　足首の柔軟性維持　血行促進

すすめかた

①　両手で椅子を支えて，片足を一歩前に出します。

②　かかとを床につけたまま，車のワイパーのように，つまさきを左右に動かしましょう！

③　元に戻して一休みします。反対の足も同様にしましょう！

みちお先生のワンポイント！

できれば，椅子に浅く腰かけてしましょう！　足の動作が容易になります。

㊽ 両肩ゆるめてストン

両肩を持ち上げて，一気に力をゆるめて肩を落としましょう！

ねらいとききめ 〔肩こり予防〕〔血行促進〕

すすめかた

① 両肩を持ち上げて，肩と腕に力を入れましょう！
② 力をゆるめて，肩をストンと一気に落としましょう！
③ 少し休みます。この動作を４回しましょう！

みちお先生のワンポイント！

支援者は，①のときに力を込めた顔を，②のときに脱力した顔をしましょう！

㊾ 両腕ブラブラ

腕や肩の力を抜いて，両腕を前後にブラブラしましょう！

ねらいとききめ　肩こり予防　血行促進

すすめかた

① 両腕を下に伸ばします。肩と腕の力を抜いてリラックスしましょう！
② 両腕を前後にブラブラ振りましょう！
③ 少し休みます。あと3回しましょう！

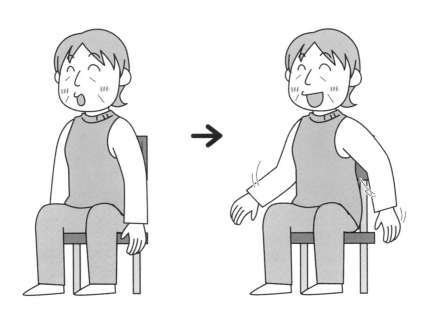

みちお先生のワンポイント！

支援者は，とても気持ちの良さそうな顔で動作しましょう！

⑤⓪ 瞑想深呼吸
（めいそう）

目を閉じて背筋を伸ばして，ゆっくりと深呼吸をしましょう！

ねらいとききめ　　　（集中力アップ）

すすめかた

① 足を肩幅にひらいて，背筋を伸ばします。
② 両手をひざに置いて，手のひらを上にします。
③ 目を閉じて，深呼吸を４回しましょう！

みちお先生のワンポイント！

腕や肩の力を抜いて，リラックスしてしましょう！

おわりに

アーティスト気分で体操しましょう！

「まるでパントマイムを見ているようでした！」

ある現場スタッフの感想です。
「しゃべらない体操とパントマイムがそっくり」だというのです。

パントマイムとは，セリフを使わず，身振り手振りだけで表現するお芝居です。
セリフの無いことから，またの名を，無言劇とも言います。
言われてみれば，まさにそのとおり！

たとえば，足ぶみ。
ボクの言葉で説明するとこうです。
「胸を張って，元気に，足ぶみしましょう！」
これを説明なしで，身振り手振りだけで表現するとどうなるか？

まず，胸を張ります。
ポイントは，大げさに動作すること。

ポイントを誇張するために，あるコツがあります。

それは，**わざと悪い例を見せる**こと。
ここでは，悪い例として背中を丸めて見せます。
そのあとで，手を左右に振って，「これは悪い例ですよ」と伝えるのです。
よい例と悪い例，両方を見せることで，より理解が深まります。

さらにもうひとつ，とっておきの裏技があります。

表情です。

よい例のときは，明るく元気な顔で。
悪い例のときは，暗く悲しそうな顔で。
これをすると，笑いが起きます。

表情は最大の武器です。
最大の武器を使わないなんてもったいない。
しゃべらないからこそ，視覚に訴えるのです。

しゃべらない体操をするようになって感じたことがあります。

シニアには，長い説明はしないほうがよい。
むしろ，説明が無いくらいがよい。
見るだけで，すぐに理解できるぐらいがよい。
そうすれば，たとえ耳が不自由であってもわかります。
ならば，**言葉を無くして表現だけで伝えるのが最もよい。**

介護現場でご活躍のスタッフのみなさま。

自分がアーティストになった気分で体操しましょう！
そうすれば，シニアも思わず体を動かしたくなります。
体を動かせば，よろこんで，満足してもらえます。
シニアに満足してもらえて，しかも，自分も楽しければ最高です！

介護現場の体操が，より楽しくなるのを心から願っています！

　令和３年１月

斎藤道雄

著者紹介

●斎藤道雄

体操講師，ムーヴメントクリエイター。

クオリティ・オブ・ライフ・ラボラトリー主宰。

自立から要介護シニアまでを対象とした体操支援のプロ・インストラクター。

体力，気力が低下しがちな要介護シニアにこそ，集団運動のプロ・インストラクターが必要と考え，運動の専門家を数多くの施設へ派遣。

「お年寄りのふだん見られない笑顔が見られて感動した」など，シニアご本人だけでなく，現場スタッフからも高い評価を得ている。

[お請けしている仕事]

○体操教師派遣（介護施設，幼稚園ほか）　○講演　○研修会　○人材育成　○執筆

[体操支援・おもな依頼先]

○養護老人ホーム長安寮

○有料老人ホーム敬老園（八千代台，東船橋，浜野）

○淑徳共生苑（特別養護老人ホーム，デイサービス）ほか

[講演・人材育成・おもな依頼先]

○世田谷区社会福祉事業団

○セントケア・ホールディングス（株）

○（株）オンアンドオン（リハビリ・デイたんぽぽ）ほか

[おもな著書]

○『しゃべらなくても楽しい！　シニアの心身機能アップ体操 50』

○『しゃべらなくても楽しい！　シニアの 1,2 分間認知症予防体操 50』

○『一人でもできるシニアのかんたん虚弱予防体操 50』

○『シニアの 1,2 分間運動不足解消体操 50』

○『シニアの爆笑あてっこ・まねっこジェスチャー体操』

○『新装版　要支援・要介護の人もいっしょに楽しめるゲーム＆体操』

○『新装版　虚弱なシニアでもできる楽しいアクティビティ 32』

○『少人数で盛り上がるシニアの 1,2 分体操＆ゲーム 50』

○『椅子に腰かけたままでできるシニアのための脳トレ体操＆ストレッチ体操』

○『目の不自由な人も耳の不自由な人もいっしょに楽しめるかんたん体操 25』

○『介護レベルのシニアでも超楽しくできる　声出し！　お祭り体操』

○『介護スタッフのためのシニアの心と体によい言葉がけ 5 つの鉄則』（以上，黎明書房）

[お問い合わせ]

ホームページ「要介護高齢者のための体操講師派遣」：http://qollab.online/

ブログ「みちお先生のお笑い介護予防体操！」：http://qollab.seesaa.net/

メール：qollab.saitoh@gmail.com

＊イラスト・さややん。

しゃべらなくても楽しい！
1，2分でできるやさしい特養体操 50

2021 年 4 月 15 日　初版発行

著　者	斎　藤　道　雄	
発行者	武　馬　久仁裕	
印　刷	藤原印刷株式会社	
製　本	協栄製本工業株式会社	

発　行　所　　株式会社　黎　明　書　房

〒460-0002　名古屋市中区丸の内 3-6-27　EBS ビル　☎ 052-962-3045

FAX 052-951-9065　振替・00880-1-59001

〒101-0047　東京連絡所・千代田区内神田 1-4-9　松苗ビル 4 階

☎ 03-3268-3470

落丁本・乱丁本はお取替します。　　　　ISBN978-4-654-07686-4

© M. Saito 2021, Printed in Japan

しゃべらなくても楽しい！　シニアの心身機能アップ体操 50 斎藤道雄著　　　　B5・63頁　1700円	ウィズコロナ時代のシニアと支援者が安心して取り組める、「しゃべらないでする」体操を紹介。「ものまねお手玉」など、座ったまま身振り手振りで伝わる体操で、楽しく安全に運動できます。2色刷。
しゃべらなくても楽しい！　シニアの１，２分間認知症予防体操 50 斎藤道雄著　　　　B5・63頁　1700円	声を出さず、身振り手振りを真似するだけで出来る、ウィズコロナ時代の新しいスタイルの体操50種を収録。椅子に座ったまま、ほぼしゃべらなくても、誰でも楽しく運動できます。2色刷。
一人でもできる　シニアのかんたん虚弱予防体操 50 斎藤道雄著　　　　B5・63頁　1700円	「あべこべ腕回し」など、一人〜少人数で出来る、コロナ時代に対応した体操50種を紹介。体を動かすのが苦手な人も、椅子に座ったまま楽しく虚弱予防！　支援者のためのアドバイス付き。2色刷。
シニアの１，２分間　運動不足解消体操 50 斎藤道雄著　　　　B5・63頁　1650円	椅子に腰かけたまま出来る、シニアの運動不足解消に役立つ体操50種を収録。「簡単。なのに、楽しい！」体操で、誰でも飽きずに運動できます。支援者のためのアドバイス付き。2色刷。
シニアの爆笑あてっこ・まねっこ　ジェスチャー体操 斎藤道雄著　　　　B5・63頁　1650円	簡単、短時間、準備不要！　そんな、三拍子そろった、スタッフもシニアも笑顔になれるジェスチャー体操50種を公開。1人で出来る体操から元気に体を動かす体操まで、様々な場面で活用できます。2色刷。
少人数で盛り上がるシニアの　１，２分体操＆ゲーム 50 斎藤道雄著　　　　B5・63頁　1650円	「少人数」「１，２分」「準備なし，道具不要」の3拍子そろった体操とゲームを各25種紹介。シニアが楽しく身体と頭を動かして元気に遊べる体操＆ゲームです。待ち時間に活用できます。2色刷。
椅子に座ってできるシニアの　１，２分間筋トレ×脳トレ体操 51 斎藤道雄著　　　　B5・64頁　1650円	右手と左手で違う動きを同時にしたり、口で「パー」と言いながら手は「グー」を出したり……、筋トレと脳トレがいっしょにできる体操を51種紹介。2色刷。
椅子に座ってできる　シニアの１，２分間筋トレ体操 55 斎藤道雄著　　　　B5・68頁　1650円	ちょっとした空き時間に、椅子に腰かけてでき、道具も不要で、誰もが楽しめる筋トレ体操を55種収録。よい姿勢を保つ力、歩く力等がつくなど、生活に不可欠な力をつける体操が満載。2色刷。
新装版　車椅子の人も片麻痺の人もいっしょにできる楽しいレク 30 斎藤道雄著　　　　B5・70頁　1700円	車椅子の人も片麻痺の人も無理せず楽しめる、動かせる部分を思う存分に動かすレクをイラストを交え30種紹介。『車椅子の人も片麻痺の人もいっしょにできる楽しいレク30＆支援のヒント10』を改題、一部割愛し、新装・大判化。

表示価格は本体価格です。別途消費税がかかります。

■ホームページでは，新刊案内など，小社刊行物の詳細な情報を提供しております。「総合目録」もダウンロードできます。
http://www.reimei-shobo.com/